SABRINA FAUDA-RÔLE
FOTOS VON VALÉRY GUÉDÈS

SUPER EINFACH
KOCHEN MIT 3 - 6 ZUTATEN

VEGETARISCHE VORSPEISEN

Librero

Inhalt

V = veganes Rezept

Hummus mit Kichererbsen

 In 20 Minuten vorbereitet

 Ohne Kochen

 Für 6 Personen

Kichererbsen
400 g

Tahina
100 g

○ Die Zitrone pressen. Die Kicher-erbsen waschen und die Haut entfernen. Die Knoblauchzehe schälen und entkeimen.

○ Die Kichererbsen mit dem Knob-lauch, der Tahina, dem Zitronen-saft, 50 ml Wasser und 2 Prisen Salz pürieren.

Knoblauch
× 1 Zehe

Olivenöl
1 Esslöffel

○ Vor dem Servieren Olivenöl hinzu-geben und mit Zatar bestreuen.

Zatar
1 Esslöffel

Zitrone
× 1

Hummus mit Linsen

grüne Linsen
125 g

Tahina
1 Esslöffel

 In 10 Minuten vorbereitet

 30 Minuten Kochzeit

 Für 6 Personen

Tomatenmark
50 g

Knoblauch
× 1 Zehe

○ Die Linsen in einen großen Topf mit kaltem Wasser geben, aufkochen und 30 Minuten kochen lassen. Abgießen und abkühlen lassen.

○ Den Knoblauch schälen und entkeimen. Den Koriander waschen und zupfen.

○ Einen Esslöffel Linsen zurückbehalten. Die restlichen Linsen mit der Tahina, dem Tomatenmark, dem Knoblauch, dem Olivenöl, dem Koriander, 2 Prisen Salz und gemahlenem Pfeffer pürieren.

○ Vor dem Servieren mit den ganzen Linsen vermischen.

Koriander
× 8 Stiele

Olivenöl
4 Esslöffel

Hummus mit Edamame

 In 15 Minuten vorbereitet

 5 Minuten Kochzeit

 Für 6 Personen

TK-Edamame
400 g

Tahina
2 Esslöffel

Knoblauch
× 1 Zehe

Sesamöl
4 Esslöffel

○ Die Edamame in einen Topf mit kochendem Salzwasser geben. 5 Minuten kochen lassen, abgießen und in eine Schale mit Eiswasser tauchen. Abkühlen lassen.

○ Die Edamame enthülsen. Die Knoblauchzehe schälen und entkeimen.

○ Einen Esslöffel Edamame-Bohnen zurückbehalten. Den Rest mit dem Knoblauch, der Tahina und dem Sesamöl pürieren.

○ Vor dem Servieren salzen und mit den restlichen Bohnen vermischen.

Hummus mit Hokkaidokürbis

 In 10 Minuten vorbereitet

 30 Minuten Kochzeit

 Für 4 Personen

Hokkaidokürbis
500 g

Tahina
1 Esslöffel

Ahornsirup
4 Esslöffel

Ingwer
10 g

Chilipulver
1 Prise

Olivenöl
2 Esslöffel

○ Den Ofen auf 200 °C vorheizen. Den Hokkaidokürbis halbieren, die Kerne entfernen und in 16 Scheiben schneiden.

○ Die Scheiben auf ein mit Backpapier ausgelegtes Blech legen. Mit dem Olivenöl und 2 Esslöffeln Ahornsirup beträufeln, mit 2 Prisen Salz und gemahlenen Pfeffer bestreuen. Für 30 Minuten bei 200 °C in den Ofen geben.

○ Den Hokkaidokürbis mit der Tahina, dem restlichen Ahornsirup, dem geschälten Ingwer und dem Chilipulver pürieren.

Hummus mit Spalterbsen

 In 10 Minuten vorbereitet

 45 Minuten Kochzeit

 Für 6 Personen

getrocknete Spalterbsen
250 g

Tahina
1 Esslöffel

feiner Tofu
150 g

Kreuzkümmelpulver
1 Teelöffel

○ Die Spalterbsen 45 Minuten in einer großen Menge Wasser zusammen mit dem Lorbeer und dem Thymian kochen. Gut abtropfen lassen.

○ Die Spalterbsen mit dem Seidentofu, der Tahina, dem Kümmel, 2 Prisen Salz und gemahlenem Pfeffer pürieren.

Lorbeer
× 1 Blatt

Thymian
× 2 Stiele

Hummus mit Kastanien

 In 10 Minuten vorbereitet

 Ohne Kochen

 Für 4 Personen

gekochte Kastanien
200 g

Nusspüree
1 Esslöffel

○ Den Kerbel waschen und zupfen. Ein paar Blättchen zum Servieren aufbewahren.

Kerbel
× ½ Bund

Olivenöl
2 Esslöffel

○ Die Kastanien mit dem Nusspüree, dem Kerbel, der Sojasauce und den Gewürzen pürieren.

○ Vor dem Servieren Olivenöl hinzugeben und mit Kerbel bestreuen.

Sojasauce
25 ml

5-Kräuter-Mischung
1 Teelöffel

Hummus mit Roten Beten

 In 10 Minuten vorbereitet

 Ohne Kochen

 Für 6 Personen

gekochte Rote Bete
300 g

Mandelpüree
4 Esslöffel

○ Die Rote Bete gegebenenfalls schälen und die Limette pressen.

○ Mit dem Mandelpüree, dem Zitronensaft, dem Dill, dem Olivenöl und 2 Prisen Salz pürieren.

Dill
× 6 Stiele

Olivenöl
2 Esslöffel

Limette
× 1

Hummus mit dicken Bohnen

 In 10 Minuten vorbereitet

 5 Minuten Kochzeit

 Für 6 Personen

tiefgefrorene, geschälte
dicke Bohnen
400 g

Olivenöl
4 Esslöffel

Minze
× 4 Stiele

Zitrone
× ½

○ Die dicken Bohnen in einen Topf mit kochendem Salzwasser geben und nach dem Aufkochen 5 Minuten kochen lassen. Abgießen und abkühlen lassen.

○ Die Minze waschen und zupfen. Zesten von der Zitrone schaben und die Zitrone pressen.

○ Die dicken Bohnen mit dem Olivenöl, dem Saft und den Zesten von der Zitrone, der Minze, 2 Esslöffeln Wasser und 2 Prisen Pfeffer pürieren.

Hummus mit roten Bohnen

 In 10 Minuten vorbereitet

 Ohne Kochen

 Für 6 Personen

rote Bohnen aus der Dose
400 g

Mandelpüree
2 Esslöffel

○ Die roten Bohnen waschen und abgießen. Den Koriander waschen und zupfen. Von der halben Zitrone Zesten schaben, die Zitrone pressen.

Seidentofu
100 g

Koriander
× 6 Stiele

○ Die Bohnen mit dem Mandelpüree, dem Seidentofu, dem Saft und den Zesten von der Zitrone, dem Koriander, 2 Prisen Salz und Pfeffer pürieren.

Limette
× 1

Hummus mit Avocado

 In 10 Minuten vorbereitet

 Ohne Kochen

 Für 4 Personen

Avocado
× 1

Tahina
2 Esslöffel

gekochte, weiße Bohnen
400 g

Koriander
× 6 Stiele

Chilipulver
1 Prise

Limette
× 1

○ Die Bohnen spülen und abgießen. Die Avocado schälen, den
Kern entfernen. Den Koriander
waschen und zupfen. Von der
halben Limette Zesten schaben,
dann die Limette pressen.

○ Die Avocado mit den Bohnen,
dem Saft und den Zesten von der
Limette, dem Koriander, der
Tahina, dem Chili, 2 Prisen Salz
und gemahlenem Pfeffer
pürieren.

Artischocken-Rillettes

 In 15 Minuten vorbereitet

 10 Minuten Kochzeit

 Für 6 Personen

TK-Artischockenböden
300 g

Mandelblättchen
50 g

○ Die Artischocken in einen Topf mit kochendem Salzwasser geben und nach dem Aufkochen 10 Minuten kochen lassen. Abgießen und abkühlen lassen.

Zitrone
× ½

Olivenöl
4 Esslöffel

○ Den Knoblauch schälen und entkeimen, das Basilikum waschen, die Zitrone pressen.

○ Die Artischocken mit dem Olivenöl, dem Zitronensaft, dem Basilikum und den Mandelplättchen pürieren.

Basilikum
× 6 Blätter

Knoblauch
× 1 Zehe

Linsen-Rillettes

grüne Linsen
100 g

Korallenlinsen
100 g

 In 10 Minuten vorbereitet

 30 Minuten Kochzeit

 Für 6 Personen

○ Die grünen Linsen 30 Minuten in kochendem Wasser, die Korallenlinsen 15 Minuten in kochendem Salzwasser kochen. Abgießen und abkühlen lassen.

○ Die Zwiebel fein schneiden und bei schwacher Hitze 10 Minuten in einem Esslöffel Olivenöl anschwitzen.

○ Die Linsen mit den Zwiebeln, den Nüssen und der Sojasauce, 2 Prisen gemahlenem Pfeffer und dem restlichen Öl pürieren.

Haselnüsse
50 g

Sojasauce
1 Esslöffel

Olivenöl
4 Esslöffel

Zwiebel
× 1

Brotaufstrich mit Spinat und Tofu

In 10 Minuten vorbereitet

10 Minuten Kochzeit

Für 4 Personen

Spinat
250 g

Cashewkerne
20 g

Seidentofu
75 g

Sojasauce
1 Teelöffel

Olivenöl
2 Esslöffel

○ Den Spinat waschen und entstielen. 10 Minuten in Dampf garen. Abtropfen lassen und leicht pressen, um möglichst viel Wasser zu entfernen.

○ Mit den Cashewkernen, der Sojasauce, dem Seidentofu und dem Öl pürieren. Gut gekühlt servieren.

Brotaufstrich mit Cashewkernen

In 10 Minuten vorbereitet

12 Stunden Ruhezeit

Für 6 Personen

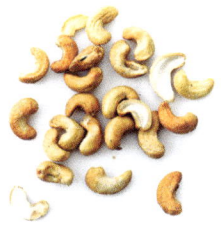

Cashewkerne
125 g

Zitrone
× ½

○ Die Cashewkerne 12 Stunden in einer großen Schale mit kaltem Wasser einweichen. Abgießen.

○ Die Cashewkerne mit dem Zitronensaft und 4 Esslöffeln Wasser, 2 Prisen Salz und gemahlenem Pfeffer pürieren.

Dill
× 2 Stiele

Sojasauce
1 Teelöffel

○ Auf 3 Schalen verteilen. In die erste Schale den gezupften Dill geben, in die zweite die Sojasauce und in die dritte die Gewürze.

○ Mischen und servieren.

Gewürze (nach Wahl)
1 Teelöffel

Brotaufstrich mit Paprika

 In 10 Minuten vorbereitet

 1 Stunde Ruhezeit
45 Minuten Kochzeit

 Für 4 Personen

Paprika
250 g

Seidentofu
125 g

○ Den Ofen auf 200 °C vorheizen. Die Paprika 45 Minuten garen.

○ Noch heiß in eine Plastiktüte geben und 1 Stunde ruhen lassen.

○ Die Haut und die Kerne entfernen. Die Knoblauchzehe schälen und entkeimen.

Knoblauch
× 1 kleine Zehe

Basilikum
× 6 Blätter

○ Die Paprika mit dem Seidentofu, dem Basilikum, dem Olivenöl, den Pinienkernen, 2 Prisen Salz und gemahlenem Pfeffer pürieren.

Olivenöl
4 Esslöffel

Pinienkerne
20 g

Tofu-Dip mit Dill

 In 10 Minuten vorbereitet

 Ohne Kochen

 Für 4 Personen

Seidentofu
200 g

Zitrone
×1

Schalotte
×1

Olivenöl
1 Esslöffel

Dill
× 4 Stiele

Paprikapulver
× 1 Prise

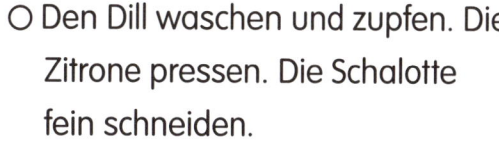

○ Den Dill waschen und zupfen. Die Zitrone pressen. Die Schalotte fein schneiden.

○ Den Seidentofu mit dem Zitronensaft, dem Dill, dem Olivenöl, dem Paprika, 1 Prise Salz und gemahlenem Pfeffer pürieren.

○ Gekühlt servieren.

Terrine mit Karotte und Blumenkohl

 In 30 Minuten vorbereitet

 4 Stunden Ruhezeit
15 Minuten Kochzeit

 Für 6 Personen

Karotten, in Scheiben
geschnitten
400 g

Blumenkohlröschen
400 g

○ Die Karotten und den Blumenkohl 10 Minuten in kochendem Salzwasser garen. Separat mit 1 Esslöffel Sojasauce und Pfeffer pürieren. Den Koriander mit dem Blumenkohl pürieren.

Kokosmilch
300 ml

Koriander
1 Teelöffel

○ Die Kokosmilch mit dem Agar-Agar 2 Minuten kochen und in die Pürees unterrühren. 200 ml + 3 g für das Blumenkohlpüree, 100 ml + 2 g für die Karotten.

Sojasauce
2 Esslöffel

Agar-Agar
5 g

○ Das Blumenkohlpüree in eine mit Frischhaltefolie ausgekleidete Form gießen, mit den Karotten abdecken. 4 Stunden abkühlen lassen, bevor die Terrine aus der Form genommen wird.

Terrine mit Champignons

 In 20 Minuten vorbereitet

 2 Stunden Ruhezeit
15 Minuten Kochzeit

 Für 6 Personen

Champignons
250 g

geräucherter Tofu
100 g

Seidentofu
250 g

Agar-Agar
2 g

Schalotte
×1

Portwein
1 Esslöffel

○ Die Schalotte fein schneiden. Die Champignons vierteln.

○ 10 Minuten bei schwacher Hitze in etwas Fett anschwitzen. Den in Würfel geschnittenen Tofu hinzugeben. 5 weitere Minuten garen lassen.

○ Den Seidentofu und das Agar-Agar pürieren. 2 Minuten unter Umrühren aufkochen lassen. Mit den Champignons, dem Tofu, der Schalotte, dem Portwein, 2 Prisen Salz und Pfeffer pürieren.

○ In eine Terrine gießen, abkühlen lassen, dann 2 Stunden kaltstellen.

Terrine mit Quinoa und Kastanie

 In 20 Minuten vorbereitet

 2 Stunden Ruhezeit
35 Minuten Kochzeit

 Für 6 Personen

Quinoa
100 g

gekochte Kastanien
100 g

grüne Linsen
30 g

Agar-Agar
2 g

Körnermischung
2 Esslöffel

Frühlingszwiebel
× 1

○ Den Quinoa 10 Minuten in kochendem Salzwasser, die Linsen 30 Minuten in ungesalzenem Wasser kochen. Abgießen. Die Frühlingszwiebel fein schneiden, 80 g Kastanien hacken.

○ Die Zwiebel, den Quinoa, die Linsen und die gehackten Kastanien vermischen.

○ Die restlichen Kastanien mit 300 ml Wasser, dem Agar-Agar, 2 Prisen Salz und Pfeffer pürieren. 2 Minuten kochen lassen.

○ Mit den restlichen Körnern vermischen. In eine Form geben. Abkühlen lassen, dann 2 Stunden kaltstellen.

Terrine mit Korallenlinsen und Kokos

 In 10 Minuten vorbereitet

 15 Minuten Kochzeit

 Für 6 Personen

Korallenlinsen
150 g

Kokosmilch
200 ml

○ Die Linsen 15 Minuten in einem Topf mit kochendem Salzwasser kochen. Abgießen. Die Zwiebel fein schneiden. Mit dem Curry bei schwacher Hitze in Olivenöl anschwitzen.

Zwiebel
× 1

Agar-Agar
4 g

○ Die Kokosmilch mit dem Agar-Agar mischen. 2 Minuten in einem Topf kochen lassen.

○ Die Zwiebeln mit den Korallenlinsen und der Kokosmilch und 2 Prisen gemahlenem Pfeffer pürieren.

Currypulver
1 Esslöffel

Olivenöl
2 Esslöffel

○ In eine Terrine füllen. Abkühlen lassen, dann 2 Stunden kaltstellen.

Terrine mit Walnüssen und Miso

✎ **In 10 Minuten vorbereitet**

🍲 **2 Stunden Ruhezeit**
10 Minuten Kochzeit

☺ **Für 6 Personen**

Seidentofu
400 g

Walnüsse
40 g

○ Die Frühlingszwiebel fein schneiden. Bei schwacher Hitze 5 Minuten in Olivenöl anschwitzen. Mit 4 Esslöffel Wasser verdünnte Miso hinzugeben.

Agar-Agar
2 g

Miso
1 Esslöffel

○ Den Seidentofu und das Agar-Agar pürieren. 2 Minuten in einem Topf kochen lassen.

○ Mit den Miso-Zwiebeln und den Walnüssen pürieren.

○ In eine Terrine füllen. Abkühlen lassen, dann 2 Stunden kaltstellen.

Frühlingszwiebel
× 1

Olivenöl
2 Esslöffel

Tortilla ohne Ei

 In 10 Minuten vorbereitet

 25 Minuten Kochzeit

 Für 8 Personen

Kartoffeln
600 g

Zwiebeln
× 2

Seidentofu
200 g

Kichererbsenmehl
125 g

Sojamilch
300 ml

Speiseöl
12 Esslöffel

○ Die Kartoffeln und die Zwiebeln schälen und fein schneiden.

○ Das Öl in einer Pfanne erhitzen, die Kartoffeln und die Zwiebel unter Rühren 10 Minuten garen.

○ Den Seidentofu mit dem Kichererbsenmehl, der Sojamilch, Salz und Pfeffer pürieren.

○ Die Kartoffeln und die Zwiebeln in die Mischung geben und alles wieder in die Pfanne geben. 10 Minuten zugedeckt garen. Die Tortilla wenden, weitere 5 Minuten garen. Warm oder kalt servieren.

Kokos-Pannacotta

 In 10 Minuten vorbereitet

 2 Stunden Ruhezeit
2 Minuten Kochzeit

 Für 6 Personen

Kokosmilch
400 ml

Agar-Agar
3 g

Zitronengras
× 1 Stiel

Currypulver
1 Teelöffel

○ Das Zitronengras in 4 Stücke schneiden.

○ Die Kokosmilch mit dem Agar-Agar in einen Topf geben, den Curry und das Zitronengras hinzugeben. Aufkochen lassen und 2 Minuten unter Rühren kochen. Das Zitronengras herausnehmen, 6 Blätter Basilikum hinzugeben und pürieren.

○ In eine Terrine füllen. Abkühlen lassen, dann 2 Stunden kaltstellen.

○ Kalt mit dem restlichen Basilikum und mit dem Saft von der Limette beträufelt servieren.

Thai-Basilikum
× 1 Stiel

Limette
× 1

Panierte Mozzarellabällchen

 **In 10 Minuten vorbereitet**

 1 Minute Kochzeit

 Für 6 Personen

Mozzarellabällchen
250 g

Haselnüsse
20 g

○ Die Mozzarellabällchen abgießen. Die Walnüsse und die Haselnüsse mit dem Paniermehl
und den Gewürzen pürieren.

○ Die Bällchen in der Mischung
wälzen.

○ Das Öl in einer Pfanne erhitzen.
Die panierten Bällchen 1 Minute
anbraten, diese dabei rollen.

○ Vor dem Servieren auf Küchenkrepp abtropfen lassen.

Walnüsse
20 g

Paniermehl
1 Esslöffel

Chilipulver/Paprika-
Mischung
1 Teelöffel

Olivenöl
2 Esslöffel

Falafel

getrocknete
Kichererbsen
250 g

Kräutermischung
1 Bund

 In 20 Minuten vorbereitet

 12 Stunden Ruhezeit
15 Minuten Kochzeit

 Für 6 Personen

○ Die Kichererbsen eine Nacht in kaltem Wasser einweichen. Abgießen.

○ Mit den Kräutern, dem Kümmel, den Sesamkörnern, der Frühlingszwiebel, dem Olivenöl, 2 Prisen Salz und gemahlenem Pfeffer pürieren.

○ Mit angefeuchteten Händen Kugeln formen, gut zusammendrücken.

○ 2 Minuten in einer Fritteuse garen, nach der halben Garzeit wenden. Kalt oder warm mit einer Kräutersauce und Joghurt servieren.

Frühlingszwiebel
× 1

Kreuzkümmelpulver
1 Esslöffel

Sesamkörner
1 Esslöffel

Olivenöl
6 Esslöffel

Frittierter Tofu

 In 20 Minuten vorbereitet

 15 Minuten Kochzeit

 Für 6 Personen

Seidentofu
400 g

Mehl
4 Esslöffel

Sojasauce
4 Esslöffel

Sesamöl
1 Esslöffel

Ingwer
10 g

Speiseöl
300 ml

O Den Ingwer schälen und hacken, mit der Sojasauce und dem Sesamöl mischen.

O Das Speiseöl in einer tiefen Pfanne erhitzen. Den Seidentofu auspacken und in 6 Stücke schneiden. Vorsichtig in Mehl wälzen.

O Die Stücke in das kochende Öl tauchen, etwa 4 Minuten von jeder Seite backen.

O Auf Küchenpapier abtropfen lassen und mit der Sauce servieren.

Rote-Bete-Bällchen

 In 20 Minuten vorbereitet

 15 Minuten Kochzeit

 Für 6 Personen

rohe Rote Bete
150 g

Weizenkeime
50 g

Ziegenfrischkäse
100 g

gemahlene Mandeln
30 g

Estragon
× 1 Stiel

Olivenöl
2 Esslöffel

○ Die Rote Bete schälen und fein raspeln. Den Estragon zupfen.

○ Die Rote Bete und den Estragon mit dem Ziegenkäse, 30 g der Weizenkeime, den gemahlenen Mandeln, dem Olivenöl, 2 Prisen Salz und Pfeffer pürieren.

○ Den Ofen auf 180 °C vorheizen. Kugeln formen und in den restlichen Weizenkeimen wälzen.

○ 15 Minuten auf einem mit Backpapier ausgelegten Blech in den Ofen geben. Abkühlen lassen, ohne sie zu berühren.

Karottenfladen

 In 20 Minuten vorbereitet

 15 Minuten Kochzeit

 Für 6 Personen

Karotten
100 g

gemahlene Nüsse
30 g

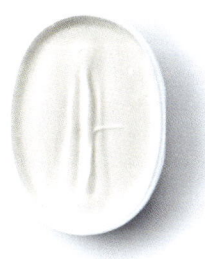

Streichkäse
100 g

Kreuzkümmelpulver
1 Teelöffel

gemahlener Ingwer
1 Teelöffel

○ Die Karotten schälen und fein raspeln.

○ Die Karotten, die gemahlenen Nüsse, den Streichkäse, die Gewürze, 2 Prisen Salz und Pfeffer vermischen.

○ Den Ofen auf 180 °C vorheizen. Aus der Mischung kleine Fladen formen.

○ 15 Minuten auf einem mit Backpapier ausgelegten Blech in den Ofen geben. Abkühlen lassen, ohne sie zu berühren.

Nuss-Energiebällchen

 In 15 Minuten vorbereitet

 Ohne Kochen

 Für 6 Personen

Sonnenblumenkerne
20 g

Walnüsse
20 g

○ Die Walnüsse und die Cashew-
kerne mit dem Olivenöl, der
Petersilie und den getrockneten
Tomaten pürieren.

Cashewkerne
80 g

Olivenöl
1 Esslöffel

○ Mit den Sonnenblumenkernen
mischen. Kugeln formen und
kaltstellen.

getrocknete Tomaten
50 g

Petersilie
× 4 Stiele

Auberginenröllchen

Aubergine
× 1

Tomatenmark
50 g

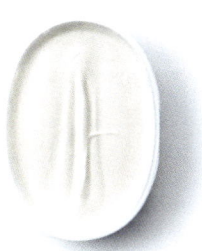

Streichkäse
100 g

Olivenöl
4 Esslöffel

Paprikapulver
2 Esslöffel

 In 15 Minuten vorbereitet

 30 Minuten Kochzeit

 Für 6 Personen

○ Den Ofen auf 180 °C vorheizen. Die Aubergine in sehr dünne Scheiben schneiden.

○ Auf ein mit Küchenpapier ausgelegtes Blech legen, mit Olivenöl bestreichen, salzen und pfeffern.

○ 30 Minuten in den Ofen geben, dann abkühlen lassen.

○ Auf jeder Scheibe Streichkäse und Tomatenmark verteilen. Rollen und im Paprika wälzen.

Zucchiniröllchen

 In 20 Minuten vorbereitet

 20 Minuten Kochzeit

 Für 6 Personen

Filoteigblätter
× 5

mittelgroße Zucchini
× 2

Pesto
130 g

Olivenöl
2 Esslöffel

○ Den Ofen auf 200 °C vorheizen. Die Zucchini in sehr dünne Scheiben schneiden.

○ Die Teigblätter ausrollen, mit Pesto bestreichen, dann die Zucchinischeiben darauf verteilen. Salzen und pfeffern.

○ Die Blätter zu festen Röllchen rollen, mit Olivenöl beträufeln, in Stücke von 3 cm schneiden.

○ 20 Minuten auf einem mit Backpapier ausgelegten Blech in den Ofen geben.

Panierter Tofu

 In 10 Minuten vorbereitet

 5 Minuten Kochzeit

 Für 4 Personen

geräucherter Tofu
300 g

Pekannüsse
100 g

Cornflakes
40 g

Maisstärke
50 g

Milch
100 ml

Olivenöl
4 Esslöffel

○ Die Pekannüsse hacken, die Cornflakes zerdrücken, beides vermischen. Die Stärke in einer Schüssel mit 2 Prisen Salz und gemahlenem Pfeffer mischen. Den Tofu in 2 cm breite Stäbchen schneiden.

○ Die Stäbchen in die Milch tauchen, dann in der Stärke und anschließend in der Nuss/Cornflakes-Mischung wälzen.

○ 2 Minuten von jeder Seite in sehr heißem Öl frittieren.

○ Warm oder kalt servieren.

Mini-Pizza Aubergine

 In 15 Minuten vorbereitet

 35 Minuten Kochzeit

 Für 6 Personen

Aubergine
× 1

Tomatensauce
50 g

geriebener Parmesan
30 g

Olivenöl
4 Esslöffel

Oliven
× 12

Majoran
2 Teelöffel

○ Den Ofen auf 180 °C vorheizen. Die Aubergine in 12 Scheiben schneiden.

○ Die Scheiben auf ein mit Backpapier ausgelegtes Blech legen. Mit Olivenöl bestreichen, salzen, pfeffern. Für 30 Minuten in den Ofen geben.

○ Die Tomatensauce auf die Stücke verteilen, mit Parmesan bestreuen, eine Olive und den Majoran hinzugeben. 5 Minuten im Ofen unter den Grill geben.

Empanadas mit Süßkartoffel

 In 20 Minuten vorbereitet

 50 Minuten Kochzeit

 Für 6 Personen

Pastetenteig
× 1

Süßkartoffel
300 g

○ Die Süßkartoffel würfeln und 30 Minuten in einem Topf mit kochendem Wasser garen. Abgießen.

○ Mit dem Curry, dem Frischkäse, der fein geschnittenen Schalotte, 2 Prisen Salz und Pfeffer zu einem Püree verarbeiten.

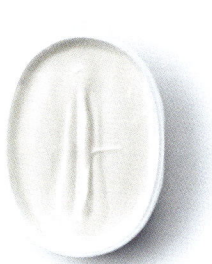

Frischkäse
75 g

Schalotte
× 1

○ Den Ofen auf 180 °C vorheizen. 6 Scheiben (10 cm ø) aus dem Teig schneiden. Einen Esslöffel Püree auf jede Scheibe setzen, die Scheiben zusammenfalten und die Ränder verschließen.

Currypulver
1 Teelöffel

Olivenöl
2 Esslöffel

○ Auf ein mit Backpapier ausgelegtes Blech legen, mit Olivenöl bestreichen und 30 Minuten in den Ofen geben.

Maki mit Tofu und Avocado

 In 30 Minuten vorbereitet

 40 Minuten Ruhezeit
15 Minuten Kochzeit

 Für 4 Personen

Sushi-Reis
250 g

Reisessig
3 Esslöffel

Nori-Blätter
× 4

geräucherter Tofu
100 g

Avocado
× ½

Rucola
20 g

○ Den Reis nach der Packungsangabe kochen. 10 Minuten ruhen lassen.

○ Den Essig und 2 Prisen Salz hinzugeben. Vorsichtig mischen, abkühlen lassen.

○ Eine Schicht Reis auf den halbierten Nori-Blättern verstreichen. Einen Streifen Rucola-Blätter 2 cm vom Rand am unteren Rand des Blattes auflegen. Jeweils eine Reihe Tofustäbchen und Avocadostäbchen darauflegen.

○ Rollen und vor dem Schneiden 30 Minuten kühlen.

Gemüsewürfel

Lauch
× 1

Zucchini
× 1

Miso
1 Esslöffel

Agar-Agar
4 g

Kerbel
× ½ Bund

Estragon
× ½ Bund

 In 20 Minuten vorbereitet

 2 Stunden 30 Minuten, Ruhezeit, 12 Minuten Kochzeit

 Für 6 Personen

○ Die Zucchini und den Lauch der Länge nach in Viertel schneiden.

○ Zugedeckt in 500 ml Wasser mit der Miso 10 Minuten kochen lassen. Das Gemüse herausnehmen und abtropfen lassen.

○ Das abgekühlte Kochwasser mit dem Agar-Agar mischen und 2 Minuten kochen.

○ In eine Terrine abwechselnd Gemüsestücke, geschnittene Kräuter, das angedickte Kochwasser schichten, pfeffern und salzen. Abkühlen lassen, dann 2 Stunden kaltstellen.

Avocadowürfel

Avocados
× 2

Sojamilch
300 ml

In 15 Minuten vorbereitet

**2 Stunden Ruhezeit
2 Minuten Kochzeit**

Für 4 Personen

Agar-Agar
2 g

Zitrone
× 1

Kreuzkümmelpulver
2 Prisen

Sesamkörner
4 Esslöffel

○ Die Avocados schälen, den Kern entfernen. Die Zitrone pressen.

○ Die Sojamilch und das Agar-Agar in einem Topf mischen. 2 Minuten unter Rühren kochen lassen. Mit den Avocados, dem Zitronensaft, dem Kümmel, 2 Prisen Salz und Pfeffer pürieren.

○ In eine Form gießen, abkühlen lassen, dann 2 Stunden kaltstellen.

○ Aus der Form nehmen und in Würfel schneiden. In Sesamkörnern wälzen. Gekühlt servieren.

Gebäck mit Blauschimmelkäse und Cranberries

In 10 Minuten vorbereitet

30 Minuten Ruhezeit
15 Minuten Kochzeit

Für 4 Personen

Kokosmargarine
100 g

Blauschimmelkäse
150 g

Maisstärke
150 g

Rosmarin
1 Stiel

getrocknete Cranberries
50 g

○ Die Margarine und den Käse in Stücke schneiden. Die Stärke, die Cranberries, den geschnittenen Rosmarin, 2 Prisen Salz und gemahlenen Pfeffer hinzugeben. Mit den Fingern vermischen, um einen gleichmäßigen Teig zu erhalten.

○ Eine Rolle formen, in Klarsichtfolie wickeln und 30 Minuten kalt-stellen.

○ Den Ofen auf 180 °C vorheizen. Die Teigrolle in Plätzchen mit 1 cm Dicke schneiden.

○ 15 Minuten auf einem mit Back-papier ausgelegten Blech in den Ofen geben. Abkühlen lassen.

Gebäck mit Comté und Sesam

 In 10 Minuten vorbereitet

 30 Minuten Ruhezeit
15 Minuten Kochzeit

 Für 4 Personen

Kokosmargarine
100 g

geriebener Comté
150 g

Mehl
150 g

Sesamkörner
2 Esslöffel

○ Die Margarine und den Käse in Stücke schneiden. Das Mehl, den geriebenen Comté, die Sesamkörner, 2 Prisen Salz und gemahlenen Pfeffer hinzugeben. Mit den Fingern vermischen, um einen gleichmäßigen Teig zu erhalten.

○ Eine Rolle formen, in Klarsichtfolie wickeln und 30 Minuten kaltstellen.

○ Den Ofen auf 180 °C vorheizen. Die Teigrolle in Plätzchen mit 1 cm Dicke schneiden.

○ 15 Minuten auf einem mit Backpapier ausgelegten Blech in den Ofen geben. Abkühlen lassen.

Haselnussgebäck

 In 10 Minuten vorbereitet

 30 Minuten Ruhezeit
15 Minuten Kochzeit

 Für 4 Personen

Kokosmargarine
100 g

geriebener Parmesan
50 g

Mehl
125 g

gemahlene Nüsse
50 g

Tahina
1 Esslöffel

Thymian
2 Prisen

○ Die Margarine in Stücke schneiden. Das Mehl, den Parmesan, die geriebenen Nüsse, die Tahina, den Thymian, 2 Prisen Salz und gemahlenen Pfeffer hinzugeben. Mit den Fingern vermischen, um einen gleichmäßigen Teig zu erhalten.

○ Eine Rolle formen, in Klarsichtfolie wickeln und kaltstellen.

○ Den Ofen auf 180 °C vorheizen. Die Teigrolle in Plätzchen mit 1 cm Dicke schneiden.

○ 15 Minuten auf einem mit Backpapier ausgelegten Blech in den Ofen geben. Abkühlen lassen.

Hokkaidokürbiskuchen

 In 10 Minuten vorbereitet

 1 Stunde 30 Minuten Kochzeit

 Für 6 Personen

Hokkaidokürbis
200 g

Mehl
200 g

Olivenöl
50 ml

Muskatnuss
2 Prisen

Hefe
× 1 Tüte

Kokosmilch
250 ml

○ Den Hokkaidokürbis halbieren, die Kerne entfernen und ungeschält raspeln.

○ Den Ofen auf 180 °C vorheizen. Das Mehl und die Hefe mischen. Die Kokosmilch, den geraspelten Hokkaidokürbis, die Muskatnuss, das Olivenöl, 2 Prisen Salz und gemahlenen Pfeffer hinzugeben. Vermischen.

○ In eine mit Butter ausgestrichene und bemehlte Kuchenform gießen.

○ 1 Stunde 30 Minuten in den Ofen geben, dann mit Frischhaltefolie abdecken und den Kuchen abkühlen lassen, bevor er aus der Form genommen wird.

Kuchen mit Sellerie und Nüssen

 In 10 Minuten vorbereitet

 45 Minuten Kochzeit

 Für 6 Personen

Knollensellerie
250 g

gemahlene Nüsse
100 g

○ Den Knollensellerie schälen und raspeln.

○ Den Ofen auf 180 °C vorheizen. Das Mehl und die Hefe mischen. Die geriebenen Nüsse, die Sojacreme, den geraspelten Sellerie, das Olivenöl, 2 Prisen Salz und gemahlenen Pfeffer hinzugeben. Vermischen.

Olivenöl
4 Esslöffel

Sojacreme
150 ml

○ In eine mit Butter ausgestrichene und bemehlte Kuchenform gießen.

○ 45 Minuten in den Ofen geben, dann mit Frischhaltefolie abdecken und den Kuchen abkühlen lassen, bevor er aus der Form genommen wird.

Hefe
× 1 Tüte

Mehl
250 g

Mandelcremekuchen

 In 10 Minuten vorbereitet

 1 Stunde Kochzeit

 Für 6 Personen

Mehl
250 g

Hefe
× 1 Tüte

Sesamkörner
50 g

Mandelcreme
400 ml

Sonnenblumenkerne
100 g

Olivenöl
4 Esslöffel

○ Den Ofen auf 200 °C vorheizen. Die Sonnenblumenkerne zerkleinern.

○ Mit dem Mehl, der Hefe, den Sesamkörnern, 2 Prisen Salz und gemahlenen Pfeffer vermischen. Die Mandelcreme und das Olivenöl unterheben.

○ In eine mit Butter ausgestrichene und bemehlte Kuchenform gießen.

○ 1 Stunde in den Ofen geben, dann mit Frischhaltefolie abdecken und den Kuchen abkühlen lassen, bevor er aus der Form genommen wird.

Socca mit Zwiebeln

 In 10 Minuten vorbereitet

 15 Minuten Kochzeit

 Für 6 Personen

Kichererbsenmehl
160 g

Frühlingszwiebeln
× 2

Petersilie
× 4 Stiele

Pinienkerne
20 g

Olivenöl
4 Esslöffel

○ Den Ofen auf 240 °C vorheizen. Das Mehl mit 2 Esslöffeln Olivenöl, 250 ml lauwarmen Wasser, 2 Prisen Salz und gemahlenem Pfeffer vermengen, ohne Klumpen entstehen zu lassen.

○ Die Zwiebeln fein schneiden und mit dem restlichen Öl und den Pinienkernen 5 Minuten anschwitzen.

○ Die Zwiebeln und die geschnittene Petersilie in eine mit Backpapier ausgelegte Gratinform geben. Die Mischung zum Kichererbsenmehl geben, mischen und 10 Minuten in den Ofen geben. Warm oder kalt servieren.

Grüne Pizza

 In 10 Minuten vorbereitet

 20 Minuten Kochzeit

 Für 6 Personen

Pizzateig
× 1

geräucherter Tofu
100 g

Blattspinat
30 g

Pinienkerne
50 g

Olivenöl
10 Esslöffel

Basilikum
× 1 Bund

○ Den Ofen auf 180 °C vorheizen. Den Spinat und das Basilikum waschen. Jeweils 10 Blätter zurückbehalten.

○ Den Tofu mit dem Spinat, dem Basilikum, den Pinienkernen, 8 Löffeln Olivenöl, 3 Esslöffeln Wasser, 2 Prisen Salz und gemahlenem Pfeffer pürieren.

○ Den Pizzateig auf ein mit Backpapier ausgelegtes Blech legen. Die Pizza belegen und 20 Minuten in den Ofen geben.

○ Mit den restlichen Spinat- und Basilikumblättern servieren, mit Olivenöl beträufeln.

Fladen mit Korallenlinsen

 In 10 Minuten vorbereitet

 35 Minuten Kochzeit

 Für 6 Personen

Korallenlinsen
100 g

Mehl
20 g

Mohnsamen
1 Esslöffel

Olivenöl
2 Esslöffel

Currypulver
1 Teelöffel

Koriandersamen
1 Teelöffel

○ Die Linsen 10 Minuten in kochendem Salzwasser ziehen lassen. Abgießen.

○ Den Ofen auf 190 °C vorheizen. Die Koriandersamen zerdrücken.

○ Die Linsen mit dem Mehl, den Mohn- und Koriandersamen, dem Curry, dem Olivenöl und 2 Prisen gemahlenem Pfeffer vermischen.

○ Frikadellen formen und auf einem mit Backpapier ausgelegten Blech zu Fladen drücken. Für 25 Minuten in den Ofen geben. Auf dem Blech abkühlen lassen.

Käsekuchen mit Butternutkürbis

 In 20 Minuten vorbereitet

 50 Minuten Kochzeit
4 Stunden Ruhezeit

 Für 6 Personen

gemahlene Nüsse
100 g

Mehl
100 g

Kokosmargarine
100 g

Butternutkürbis
400 g

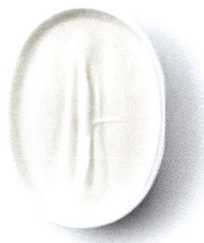

Streichkäse
200 g

Agar-Agar
4 g

○ Den Ofen auf 200 °C vorheizen. Die gemahlenen Nüsse, das Mehl und die Margarine mit 2 Prisen Salz mischen. Auf dem Boden einer Form andrücken und 25 Minuten backen.

○ Den Butternutkürbis schälen, in Stücke schneiden und diese 20 Minuten in Dampf garen.

○ Den Streichkäse mit dem Agar-Agar vermischen, bei mittlerer Hitze schmelzen und 2 Minuten aufkochen lassen. Mit dem Butternutkürbis und 2 Prisen Pfeffer pürieren.

○ In die Form gießen, abkühlen lassen, dann 4 Stunden kaltstellen.

Mini-Rösti

Kartoffeln
150 g

Pastinake
150 g

 In 10 Minuten vorbereitet

 15 Minuten Kochzeit

 Für 6 Personen

Knollensellerie
150 g

Olivenöl
8 Esslöffel

○ Das Gemüse schälen und raspeln.

○ In einer Schale vermischen. 3 Prisen Salz und gemahlenen Pfeffer hinzugeben. Mischen.

○ Das Öl in einer Pfanne erhitzen. Kleine Häufchen formen, flachdrücken, in heißem Öl 4 Minuten von jeder Seite anbraten.

○ Vor dem Servieren auf Küchenkrepp abtropfen lassen.

Polenta-Blinis mit Champignons

 In 10 Minuten vorbereitet

 15 Minuten Kochzeit

 Für 6 Personen

Polenta
80 g

Champignons
× 4

Knoblauch
× 1 Zehe

Oregano
2 Prisen

geriebener Parmesan
40 g

Olivenöl
4 Esslöffel

○ 400 ml Salzwasser aufkochen, die Polenta unter regelmäßigem Rühren hineingießen und 1 Minute kochen.

○ Die Champignons fein schneiden, den Knoblauch hacken. 5 Minuten in 2 Esslöffeln Öl anschwitzen.

○ Die Polenta mit dem Parmesan, 2 Prisen Pfeffer und dem Oregano hinzugeben und vermischen.

○ Das restliche Öl in einer Pfanne erhitzen. Große Löffel Polenta hineinsetzen, zu Fladen drücken und 2 Minuten von jeder Seite anbraten.

Tempura

 In 10 Minuten vorbereitet

 20 Minuten Kochzeit

 Für 6 Personen

Radieschen
× 12

Brokkoliröschen
200 g

kleiner Fenchel
× 1

Frühlingszwiebeln
× 4

Mehl
100 g

Mineralwasser mit
Kohlensäure
200 ml

○ Die Zwiebeln der Länge nach halbieren und den Fenchel in feine Scheiben schneiden. Die Radieschen waschen, die Blätter aufbewahren.

○ Das Frittieröl auf 170 °C vorheizen.

○ Das eisgekühlte Wasser zu dem Mehl gießen, leicht vermischen, damit sich Klumpen bilden.

○ Das Gemüse in den Teig tauchen und dann in das heiße Öl geben. Abtropfen lassen, salzen und heiß servieren.

Blumenkohl-Chips

In 10 Minuten vorbereitet

4 Minuten Kochzeit

Für 6 Personen

Blumenkohlröschen
250 g

Olivenöl
4 Esslöffel

○ Den Ofen auf 200 °C vorheizen.
Die Blumenkohlröschen in dünne
Scheiben schneiden.

Paprikapulver
1 Teelöffel

Zimt
1 Teelöffel

○ Die Scheiben auf ein mit Backpapier ausgelegtes Blech legen.
Mit Öl bestreichen, mit den Gewürzen und dem Salz bestreuen.

○ Für 20 Minuten in den Ofen geben. Aus dem Ofen nehmen und
abkühlen lassen.

Chilipulver
1 Prise

Frittierte Zucchini

Zucchini
× 2

Olivenöl
4 Esslöffel

geriebener Parmesan
40 g

Paniermehl
4 Esslöffel

Thymian
2 Teelöffel

 In 10 Minuten vorbereitet

 10 Minuten Kochzeit

 Für 6 Personen

○ Den Ofen auf 210 °C vorheizen. Die Zucchini in Stäbchen mit 1 cm Dicke schneiden. Mit Olivenöl bestreichen.

○ Den Parmesan mit dem Paniermehl, dem Thymian und 2 Prisen Salz vermischen. Die Zucchini in der Mischung wälzen.

○ 10 Minuten auf einem mit Backpapier ausgelegten Blech in den Ofen geben. Warm servieren.

Frittierte Süßkartoffel

 In 10 Minuten vorbereitet

 30 Minuten Kochzeit

 Für 4 Personen

Süßkartoffeln
× 2

Olivenöl
2 Esslöffel

Seidentofu
100 g

Zitronengras
× 1 Stiel

Limette
× ½

○ Den Ofen auf 200 °C vorheizen. Die Süßkartoffeln schälen, in große Streifen schneiden, mit dem Olivenöl und 2 Prisen Salz und gemahlenem Pfeffer mischen.

○ 30 Minuten auf einem mit Backpapier ausgelegten Blech in den Ofen geben.

○ Das Zitronengras hacken, Zesten von der Limette schaben und die Zitrone pressen. Den Tofu mit dem Zitronengras, dem Saft und den Zesten von der Limette pürieren.

○ Die heißen, frittierten Stäbchen mit dem Dip servieren.

Grünkohl-Chips

Grünkohl
× 6 große Blätter

Olivenöl
2 Esslöffel

Sesamkörner
1 Esslöffel

Garam Masala
1 Teelöffel

 In 10 Minuten vorbereitet

 30 Minuten Kochzeit

 Für 4 Personen

○ Den Ofen auf 110 °C vorheizen. Die Blätter vom Grünkohl reißen. Mit dem Olivenöl, dem Garam Masala, den Sesamkörnern und 2 Prisen Salz vermengen.

○ Auf ein mit Backpapier ausgelegtes Blech legen, ohne sie zu stapeln. Für 30 Minuten in den Ofen geben.

○ Auf dem Blech abkühlen lassen.

Rote-Bete-Chips

 In 10 Minuten vorbereitet

 1 Stunde Kochzeit

 Für 4 Personen

große Rote Bete
× 2

Olivenöl
2 Esslöffel

Fleur de Sel
2 Esslöffel

○ Den Ofen auf 110 °C vorheizen. Die Roten Beten schälen und mit dem Gemüsehobel schneiden.

○ Auf ein mit Backpapier ausgelegtes Blech legen, ohne sie zu stapeln. Mit Olivenöl bestreichen, mit Salz und gemahlenem Pfeffer bestreuen. Für 1 Stunde in den Ofen geben.

○ Auf dem Blech abkühlen lassen.

Salbei- und Basilikum-Chips

 In 5 Minuten vorbereitet

 15 Minuten Kochzeit

 Für 4 Personen

Salbeiblätter
× 12

Basilikumblätter
× 12

○ Den Ofen auf 110 °C vorheizen. Die Blätter auf ein mit Backpapier ausgelegtes Blech legen.

○ Mit Olivenöl bestreichen, mit Salz und den Sesamkörnern bestreuen.

Fleur de Sel
2 Prisen

Sesamkörner
1 Teelöffel

○ Für 15 Minuten in den Ofen geben. Auf dem Blech abkühlen lassen.

Olivenöl
2 Esslöffel

Parfümiertes Popcorn

 In 5 Minuten vorbereitet

 4 Minuten Kochzeit

 Für 6 Personen

getrockneter Mais
100 g

Olivenöl
2 Esslöffel

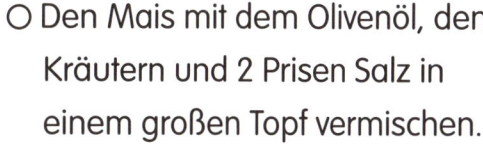

○ Den Mais mit dem Olivenöl, den Kräutern und 2 Prisen Salz in einem großen Topf vermischen.

○ Den Topf bei mittlerer Hitze auf den Ofen stellen und zudecken.

○ Den Mais platzen lassen und regelmäßig umrühren, bis keine Geräusche mehr zu hören sind.

Paprikapulver
1 Teelöffel

Kreuzkümmelpulver
1 Teelöffel

Thymian
1 Teelöffel

Knusprige Kichererbsen

 In 5 Minuten vorbereitet

 20 Minuten Kochzeit

 Für 4 Personen

Kichererbsen
aus der Dose
400 g

Currypulver
1 Esslöffel

○ Den Ofen auf 180 °C vorheizen.
Die Kichererbsen spülen, mit
dem Olivenöl, den Kräutern und
2 Prisen Salz vermischen.

○ 20 Minuten auf einem Blech in
den Ofen geben. Abkühlen
lassen.

Kreuzkümmelpulver
1 Esslöffel

Paprikapulver
1 Esslöffel

Olivenöl
2 Esslöffel

Karamellisierte Nüsse

 In 5 Minuten vorbereitet

 2 Stunden Ruhezeit
50 Minuten Kochzeit

 Für 6 Personen

Haselnüsse
100 g

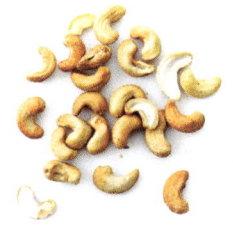

Cashewkerne
100 g

○ Die Nüsse in einer Schüssel mit der Sojasauce, den Sesamkörnern und dem Zucker vermischen.

Mandeln
100 g

Sojasauce
4 Esslöffel

○ Mindestens 2 und bis zu 12 Stunden kühl ruhen lassen.

○ Den Ofen auf 150 °C vorheizen. Die Nüsse auf ein mit Backpapier ausgelegtes Blech legen. 30 Minuten in den Ofen geben, alle 10 Minuten durchmischen.

○ Auf dem Blech abkühlen lassen.

Zucker
1 Teelöffel

Sesamkörner
1 Esslöffel

Spalterbsenfladen

 In 5 Minuten vorbereitet

 20 Minuten Kochzeit

 Für 4 Personen

getrocknete Spalterbsen
250 g

Gemüsebrühe
× 1 Würfel

Mehl
4 Esslöffel

Olivenöl
4 Esslöffel

geraspelte Kokosnuss
20 g

Ras-el-hanout
1 Teelöffel

○ Die Spalterbsen 45 Minuten in einer großen Menge Wasser mit dem Brühwürfel kochen. Abgießen.

○ Mit der Kokosnuss, dem Mehl, dem Salz, dem Pfeffer und dem Ras-el-hanout vermischen.

○ Das Öl bei mittlerer Hitze in einer Pfanne erhitzen. Fladen mit 5 cm Durchmesser formen und in dem heißen Öl 3 Minuten von jeder Seite anbraten.

○ Auf Küchenpapier abtropfen lassen, mit geraspelter Kokosnuss servieren.

Kroketten mit roten Bohnen

 In 10 Minuten vorbereitet

 10 Minuten Kochzeit

 Für 4 Personen

rote Bohnen aus der Dose
400 g

Mehl
4 Esslöffel

Olivenöl
4 Esslöffel

kleine, rote Paprika
× 1

Frühlingszwiebel
× 1

Ingwer
20 g

○ Die roten Bohnen spülen und abgießen. Die rote Paprika entkernen und hacken, den Ingwer schälen und hacken, die Zwiebel fein schneiden.

○ Die Bohnen mit dem Mehl, der Paprika, dem Ingwer, der Zwiebel, 2 Prisen Salz und Pfeffer grob zerkleinern. 8 flache Kroketten formen.

○ Das Öl bei mittlerer Hitze in einer Pfanne erhitzen und die Kroketten 4 Minuten von jeder Seite anbraten.

○ Auf Küchenkrepp abtropfen lassen, warm servieren.

Kroketten mit Blumenkohl

 In 15 Minuten vorbereitet

 15 Minuten Ruhezeit
50 Minuten Kochzeit

 Für 6 Personen

Hirse
200 g

Blumenkohl
250 g

○ Den Ofen auf 200 °C vorheizen. Den gehackten Knoblauch mit dem Curry und der Hirse 3 Minuten anschwitzen.

Currypulver
2 Esslöffel

Knoblauch
× 1 Zehe

○ Den Brühwürfel und 750 ml Wasser hinzugeben. Aufkochen und 10 Minuten bei geschlossenem Deckel und schwacher Hitze köcheln lassen.

○ Den Blumenkohl hinzugeben und weitere 10 Minuten garen. Vom Herd nehmen und 15 Minuten zugedeckt ruhen lassen.

Gemüsebrühe
× 1 Würfel

Olivenöl
4 Esslöffel

○ Fladen mit 7 cm Durchmesser formen, auf ein mit Backpapier ausgelegtes Blech legen und 30 Minuten in den Ofen geben.

Salzige arme Ritter

Bauernbrot
× 4 Scheiben

Milch
100 ml

 In 5 Minuten vorbereitet

 15 Minuten Kochzeit

 Für 4 Personen

Maisstärke
30 g

Kokosöl
4 Esslöffel

○ Die Milch mit der Stärke, dem Safran, 2 Prisen Salz und gemahlenem Pfeffer vermischen.

○ Das Öl in einer Pfanne erhitzen. Die Brotscheiben in der Mischung einweichen und in dem sehr heißen Öl 3 Minuten von jeder Seite anbraten.

○ Mit Kokosnuss bestreut warm servieren.

geraspelte Kokosnuss
2 Esslöffel

Safran
× 1 Döschen

Gefüllte Champignons

 In 15 Minuten vorbereitet

 15 Minuten Kochzeit

 Für 4 Personen

Champignons
× 12

Quinoa
20 g

○ Den Quinoa 10 Minuten in kochendem Salzwasser garen. Abgießen.

Feta
100 g

Tomaten-Confit in Öl
× 2

○ Die Zwiebel mit dem Feta, den Kichererbsen, den Tomaten und 1 Esslöffel von ihrem Öl mischen. Salzen und pfeffern. Alles mit dem Quinoa mischen.

○ Den Ofen auf 200 °C vorheizen. Die Champignons waschen und den Stiel entfernen.

○ Die Champignons mit der Masse füllen und auf einem Blech 15 Minuten in den Ofen geben. Warm, lauwarm oder kalt servieren.

Kichererbsen
120 g

Frühlingszwiebel
× 1

Eingelegte Gurke

✎ **In 10 Minuten vorbereitet**

**1 Woche Ruhezeit
5 Minuten Kochzeit**

☺ **für 1 Glas mit 500 ml**

kleine Gurken
× 2

Apfelessig
300 ml

Zucker
100 g

Dill
× 4 Stiele

Pfeffer
× 12 Körner

grober Senf
1 Esslöffel

○ Die Gurken waschen und in Stäbchen schneiden.

○ In einer Salatschüssel mit 1 Esslöffel Salz vermischen. 2 Stunden bei Zimmertemperatur ruhen lassen. Abspülen.

○ Mit dem Essig in einen Topf geben und aufkochen. Vom Herd nehmen, den Zucker, den Dill, den Pfeffer und den Senf hinzugeben.

○ In ein zuvor mit kochendem Wasser ausgespültes Glas geben und dieses mit einem Deckel verschließen. Vor dem Verzehr 1 Woche ruhen lassen. Nach dem Öffnen kaltstellen.

Gefüllte Paprika

 In 40 Minuten vorbereitet

 3 Wochen Ruhezeit
4 Minuten Kochzeit

 Für 6 Personen

Mini-Paprika
× 20

Ziegenfrischkäse
200 g

weißer Essig
250 ml

Schalotte
× 1

Kräutersträußchen
× 1

Olivenöl
300 ml

○ Den Essig und 750 ml Wasser aufkochen. Die Paprika 4 Minuten darin kochen. Abspülen, abgießen. Den Stiel und die Kerne entfernen, ohne die Paprikas aufzuschneiden.

○ Den Käse, die fein geschnittene Schalotte, die Blätter von einem Stiel Thymian, 2 Prisen Salz und Pfeffer mischen und die Paprika damit füllen.

○ Einen Löffel grobes Salz auf den Boden eines Glases geben, Paprika, Pfeffer, Thymianzweige und Lorbeerblatt dazugeben. Mit Öl bedecken.

○ 3 Wochen marinieren.

Tomaten-Confit

 In 10 Minuten vorbereitet

 5 Stunden Kochzeit

 Für 4 Personen

Strauchtomaten
500 g

Olivenöl
500 ml

Zucker
1 Esslöffel

Kräuter der Provence
1 Esslöffel

Knoblauch
× 2 Zehen

○ Den Ofen auf 90 °C vorheizen. Die Tomaten vierteln. Die Scheiben auf ein mit Backpapier ausgelegtes Blech legen.

○ Mit 4 Esslöffeln Olivenöl beträufeln, mit Zucker, Kräutern der Provence, Salz und Pfeffer bestreuen. Für 5 Stunden in den Ofen geben.

○ Die Knoblauchzehen schälen. Die Tomaten mit den Knoblauchzehen in ein Glas geben und mit Olivenöl bedecken.

Frühlingsröllchen

 In 30 Minuten vorbereitet

 10 Minuten Ruhezeit, ohne Kochen

 Für 6 Personen

Reisnudeln
50 g

kleine Reisblätter
× 6

Karotten
× 1

kleine Gurke
× 1

Koriander/Minze
× 1 Bund

Erdnüsse
30 g

○ Die Reisnudeln nach der Packungsangabe kochen. Abgießen. Die Karotten raspeln, die Gurke in Stäbchen schneiden.

○ Die Blätter nacheinander mit kaltem Wasser anfeuchten und auf einem feuchten Tuch verteilen.

○ Einen Streifen Reisnudeln auflegen, dabei seitlich einen Rand freilassen. Die gehackten Erdnüsse, die Kräuter, die Karotten und die Gurke hinzufügen.

○ Die Seiten zuklappen und fest zusammenrollen. Frisch mit einer Sauce für Frühlingsrollen servieren.

Gefüllte Veggie-Tomaten

 In 20 Minuten vorbereitet

 1 Stunde Ruhezeit
2 Minuten Kochzeit

 Für 6 Personen

Strauchtomaten
× 6

Seidentofu
150 g

Frühlingszwiebel
× 1

Minze
× 6 Blätter

schwarze Oliven
× 6

Agar-Agar
1 g

○ Die Tomaten halbieren und aus-
höhlen. Die Zwiebel fein schneiden, die Oliven entsteinen und
hacken, die Minze mit der Schere
schneiden.

○ Den Tofu mit dem Agar-Agar
vermischen, 2 Minuten sprudelnd
aufkochen.

○ Mit der Zwiebel, den Oliven, der
Minze, 1 Prise Salz und Pfeffer
mischen.

○ Die Tomatenhälften füllen, abkühlen lassen und 1 Stunde
kaltstellen. Gekühlt servieren.

Was macht man womit?

Die Originalausgabe erschien 2017 unter dem Titel: *Apéro veggie Super Facile*

© 2019 Librero IBP (für die deutschsprachige Ausgabe)
Postbus 72, 5330 AB Kerkdriel, Niederlande

© Hachette - Livre (Marabout) 2017
Fotografie der Zutaten © Akiko Ida, Charlotte Lascève, Elise Watson, Richard Boutin,
Valéry Guédès und Pierre Javelle

Produktion der deutschsprachigen Ausgabe:
Tanja Timmerman vertaling & redactie
Übersetzung: Judith Muhr
Satz: -Lein l redactie & vormgeving

Printed in Slovenia

ISBN: 978-94-6359-223-9